Inhalt

Drahtlose Datenübertragung - Der beliebte USB-Standard wird "wireless"

Kernthesen

Beitrag

Fallbeispiele

Weiterführende Literatur

Impressum

Drahtlose Datenübertragung - Der beliebte USB-Standard wird "wireless"

M. Westphal

Kernthesen

- Die USB-Schnittstelle hat sich als Standard etabliert.
- Wesentliches Ärgernis war bisher der damit einhergehende Kabelsalat bei der Verbindung der vielen Peripheriegeräte mit dem Host-System.
- Jetzt gibt es mit Wireless USB einen drahtlosen USB-Standard, für den es auch schon erste Produkte gibt.
- Dieser drahtlose Standard wird in der

Bedienung genau so einfach wie drahtgebundenes USB.

Beitrag

Nachdem die USB-Schnittstelle sich inzwischen als Standard für die Verbindung von Peripheriegeräten an PCs aber auch schon an Geräte der Unterhaltungselektronik durchgesetzt hat, hat endlich auch der damit häufig verbundene Kabelsalat ein Ende, denn jetzt kommt Wireless USB und das erlaubt die drahtlose einfache Verbindung mit dem Host-System.

Der beliebte USB-Standard erhält eine "drahtlose" Erweiterung

Der USB-Standard hat in den vergangenen Jahren einen erfolgreichen Siegeszug hinter sich. Die Möglichkeit, Peripheriegeräte einfach und schnell an den PC anzuschließen, hat die PC-Nutzer überzeugt. Mittels USB-Hubs können viele Geräte einfach an den PC angeschlossen werden. Störend ist bisher aber vor allem noch der Kabelsalat auf dem Weg zum PC. Drahtlose Übertragungsstandards wie Bluetooth und ZigBee konnten hier bis jetzt keine Alternative bieten, da sie viel zu langsame

Übertragungsgeschwindigkeiten leisten, um gerade das große Datenvolumen von und an Drucker oder Scanner zu meistern. Hier kann der neue Standard Wireless USB Abhilfe schaffen, da er mit Übertragungsraten von bis zu 480 MBit/s ungefähr 500 mal schneller ist als die bisherigen drahtlosen Übertragungsstandards. (1), (6)
Die Übertragungsgeschwindigkeit von 480 MBit/s wird hierbei auf eine Entfernung von bis zu drei Metern erzielt. Derzeit werden bei darüber hinaus gehenden Entfernungen bis zehn Meter nur 110 MBit/s ermöglicht. (4), (6)

Inzwischen ist der Wireless USB-Standard auch in den entsprechenden Standardisierungsgremien bekannt und großenteils verabschiedet

Das USB Implementer Forum hat den jetzt zertifizierten Standard Wireless USB (WUSB) übernommen, wodurch er eine Erweiterung des USB-Standards darstellt. WUSB basiert auf der Spezifikation des Ultra-Wideband-Protokoll (UWB) der WiMedia Alliance, wodurch sich Übertragungsraten realisieren lassen, die die gleiche Geschwindigkeit bieten wie drahtgebundenes USB. Damit kann die hohe Funktionalität von USB sowie die intuitive Bedienung jetzt auch komplett mit drahtlosen Verbindungen ermöglicht werden. So können Drucker jetzt dort stehen, wo sie idealerweise platziert werden und nicht dort, wo es das Kabel verlangt, Bilder können von einer Kamera auf den PC geladen werden ohne Kabel oder zusätzliches Speicherkartenlesegerät. Erste Hersteller kommen mit entsprechenden Produkten auf den Markt. (1)

Probleme gibt es derzeit vor allem bei der Wahl des freigegebenen Frequenzbereichs

Das von WUSB mittels des Übertragungsstandards UWB genutzte Frequenzspektrum liegt zwischen 3,4 GHz und 5,0 GHz, wobei UWB das Spektrum von 3,1 GHz bis 10,6 GHz abdeckt. Damit werden Bandbreitenkonflikte zwischen verschiedenen Teilnehmern ausgeschlossen wie dieses z. B. bei Geräten, die die 2,4 GHz-Frequenz nutzen manchmal der Fall ist. Das von WUSB verwendete Frequenzspektrum wird bereits von anderen

Funkstandards genutzt wie z. B. Rundfunksendern, WLANs oder Mobilfunkanbietern. Allerdings sendet WUSB derart schwache Signale, dass Interferenzen mit den anderen Standards vermieden werden. Sofern trotzdem Störungen auftreten, schreiben die Regulierungsbehörden ein Absenken des Sendepegels vor. Die EU ist aber noch sehr zögerlich in ihrer Entscheidung für eine Frequenzfreigabe und befürchtet deutlich größere Störungen und will daher nur einen eingeschränkten Frequenzbereich für WUSB freigeben. Die Reichweite ist auf zehn Meter limitiert. UWB arbeitet mit einem Distributed Reservation Protocol was bedeutet, dass sich innerhalb einer lokalen Gruppe jedes Gerät Zeitfenster definiert, in denen es sendet. Bei WUSB gibt es auch die Möglichkeit, dass der Host, in der Regel der PC, die Reservierung der Sendeintervalle übernimmt. (1), (3), (6)

Der große Durchsatz an Daten wird vor allem durch die Nutzung eines großen Frequenzbereichs ermöglicht. Während z. B. WiFi auf dem relativ engen 2,4 GHz-Band sendet nutzt WUSB ein breites Frequenzspektrum. (6)

Die WUSB-Verbindung ist abhörsicher und die Installation

ist einfach

WUSB ist mit einer 128 Bit AES (Advanced Encryption Standard) Verschlüsselungstechnologie ausgestattet. So wird sichergestellt, dass gleiche Sicherheitsstandards wie bei kabelgebundener Übertragung gelten. WUSB versteht die gleichen Treiber, die auch bei drahtgebundenem USB genutzt werden. Zu beachten ist, dass ein Peripheriegerät nur an einem Host gleichzeitig angeschlossen sein kann. Allerdings erlaubt WUSB genauso wie die drahtgebundene Version, dass ein Peripheriegerät ohne Probleme an einen anderen Host angeschlossen werden kann.
Die Verbindung mit dem Host wird mittels Assoziierung gestartet. Diese kann entweder per Kabel erfolgen, in dem das Peripheriegerät einmalig per Kabel an den Host angeschlossen wird. Das Kabel kann dann nach erfolgter Assoziierung entfernt werden. Ebenso ist eine numerische drahtlose Option möglich. Ähnlich wie bei Bluetooth wird durch Ausführen eines kleinen Programms oder Drücken einer Taste inklusive Bestätigung die Verbindung hergestellt. Gemäß USB-Spezifikation müssen alle Geräte, die über eine herkömmliche USB-Anbindung verfügen die Kabelassoziierung unterstützen. Geräte, die ein Display haben, müssen die numerische Option unterstützen. Alle zertifizierten WUSB-Hosts müssen beide Varianten unterstützen. (1)

Der neue Standard wird bereits von vielen Herstellern unterstützt

Intel, Microsoft, NEC, Samsung, Philips und HP sind wohl die bekanntesten Firmen, die hinter diesem neuen Standard stehen, wodurch auch die Interoperabilität zwischen Geräten unterschiedlicher Hersteller gewährleistet ist. (1)
Viele der unterstützenden Firmen hoffen, dass sich der WUSB-Standard auch auf das Wohnzimmer in die Geräte der Unterhaltungselektronik ausweiten wird. So sollen TV-Geräte und Video- oder DVD-Recorder mittels WUSB miteinander kabellos kommunizieren. (8)

Die Kompatibilität zu herkömmlichen USB-Geräten ist gewährleistet

Nutzer von herkömmlichen drahtgebundenen USB-Lösungen können sich darüber freuen, dass der neue Wireless-Standard abwärtskompatibel ist. So können auch alle herkömmlichen Geräte mittels eines

Adapters funkfähig gemacht werden, ohne, dass neue Treiber benötigt werden. Die WUSB-Technik benötigt keine Hubs mehr zum Anschluss mehrerer Geräte. Sie kann mittels Peer-to-Peer-Verbindung bis zu 127 Geräte miteinander verbinden. (4), (6), (7), (8)
Der Stromverbrauch von WUSB ist relativ gering, weshalb es ein großer Konkurrent zu WiFi werden kann. (6)
WUSB kann aber keine direkte Stromversorgung ermöglichen wie dieses bei drahtgebundenen Lösungen häufig der Fall ist. (6)

WUSB hat gegenüber bestehenden drahtlosen Übertragungsstandards viele Vorteile

Gerade Räume, in denen sich mehrere WLAN-Netze überlagern, könnte WUSB seine Vorteile ausspielen. (6)
Der WLAN-Standard ist nicht gut geeignet als Drahtlos-Netzwerkstandard für die Bereitstellung von Anschlüssen für Peripherie-Geräte. Das liegt vor allem an der aufwendigen Installation wie aber auch an den relativ teuren Chips und deren hohen Stromverbrauch. Bluetooth schafft nicht annähernd die geforderten Übertragungsbandbreiten. Der

aktuelle Standard Bluetooth 2.0 ermöglicht derzeit 2,1 MBit/s. (8)

Fallbeispiele

Das britisch-amerikanische Unternehmen DisplayLink ermöglicht den Anschluss mehrerer Monitore an einen PC. Hierbei wird der USB-Standard genutzt. Aktuell arbeitet das Unternehmen an einer drahtlosen Anbindung über Wireless USB. (2)
Das kalifornische Unternehmen Staccato befindet sich aktuell im Stadium der Zulassungen für seine "Ripcord"-ICs für UWB. Größte Aufmerksamkeit erfährt die Zertifizierung in Japan, da dort weitaus strengere Zulassungsvorschriften gelten. Sobald die dortige Zulassung erteilt ist, werden die Zertifizierungsbemühungen für Certified WUSB begonnen. (3)
D-Link hat bereits einen 4-port Wireless USB-Hub auf den Markt gebracht. Ebenso hat IO-Gear einen solchen Hub angeboten. Bei den Rechnerherstellern wird damit gerechnet, dass Dell (Inspiron 1720) wie auch Lenovo (Thinkpad T61 und T62p) integrierte WUSB-Versionen haben werden. Diese Geräte sind

vom USB Implementers Forum bereits zertifiziert, werden aber neben dem integrierten WUSB natürlich auch noch herkömmliche USB-Ports aufweisen. (4), (6)
Belkin hat einen Adapter vorgestellt, der es erlaubt, herkömmliche USB-Geräte anzuschließen und dann eine drahtlose Nutzung erlauben. Allerdings ist dieser Adapter nicht zertifiziert. Er kostet derzeit etwa 200 US-Dollar (6), (8)

Weiterführende Literatur

(1) - WIRELESS USB 500-mal schneller als Bluetooth und ZigBee
aus Elektronikpraxis Nr. 17 vom 07.09.2007 Seite 26

(2) - NETWORK-DISPLAYS - TECHNIKPORTRAIT
Einfach nur anstecken - Das geht jetzt: Zusätzliche Bildschirme per Plug & Play an den PC anschließen
aus Elektrotechnik Nr. 09 vom 13.09.2007 Seite 28

(3) Staccato Communications erhält Funkzulassung UWB darf auch in Japan funken
aus Markt & Technik, Heft 31/2007, S. 8

(4) Drahtlostechnik bindet Peripherie mit bis zu 480 Megabit pro Sekunde an Wireless USB soll Hardware weiter entfesseln
aus Computer Zeitung, Heft 33, 2007

(5) - TECHNISCHER SUPPORT Wegweiser im Wireless-Dschungel
aus Elektronikpraxis Nr. 16 vom 24.08.2007 Seite 42

(6) Wireless USB das Ende des Kabelsalats?
aus Computerwoche, 31.08.2007, Nr. 35 Seite 10

(7) Der funkende USB-Anschluss kommt Kabel ade, soll es schon bald bei der Anbindung von Peripherie-Geräten wie Drucker, Scanner und Festplatte heißen.
aus COMPUTER-INFORMATIONS-DIENST vom 29.August 2007

(8) Kremp, Matthias, Kappt die Kabel, Spiegel Online, 27.07.2007
aus COMPUTER-INFORMATIONS-DIENST vom 29.August 2007

Impressum

Drahtlose Datenübertragung - Der beliebte USB-Standard wird "wireless"

Bibliografische Information der deutschen Nationalbibliothek

Die Deutsche Nationalbibliothek verzeichnet diese Publikation in der deutschen Nationalbibliografie; detaillierte bibliografische Daten sind im Internet über http://dnb.d-nb.de abrufbar.

ISBN: 978-3-7379-0333-2

© 2015 GBI-Genios Deutsche Wirtschaftsdatenbank GmbH, Freischützstraße 96, 81927 München, www.genios.de

Alle Rechte vorbehalten. Dieses Werk ist einschließlich aller seiner Teile – z.B. Texte, Tabellen und Grafiken - urheberrechtlich geschützt. Jede Verwertung außerhalb der Grenzen des Urheberrechtsgesetzes bedarf der vorherigen Zustimmung des Verlags. Dies gilt insbesondere auch für auszugsweise Nachdrucke, fotomechanische

Vervielfältigungen (Fotokopie/Mikroskopie), Übersetzungen, Auswertungen durch Datenbanken oder ähnliche Einrichtungen und die Einspeicherung und Verarbeitung in elektronischen Systemen.